진 실

박진호 노래시집

신아출판사

차례

1

2

3

1

석양의 빛

푸르른 강변에 봄이 찾아오면
아름다운 꽃과 새들의 노랫소리
두 손 잡고 별을 보며 함께 맹세하던 다짐들
덧없는 세월 앞에 청춘은 늙어 갔어도
변함없는 저 힘센 물소리 장단에
달이 뜨듯 또다시 살아나는 노래

외달

서럽도록 보고픈 님을 찾아서
까만 밤 걷고 걷다 꼬박 새웠네
별들은 높이 떠서 사랑 놀음 주고받고
새들은 짝을 지어 하늘 높이 솟아오르니
내 모습만 더욱 처량하구나

바람은 풀잎을 잡고 속삭이고
구름은 별빛을 안고 도는데
만나야 할 님은 소식 한 장 없고
이슬에 젖어 홀로 뜬 저 달만이
내 얼굴 내 신세 같구나

옛동산

석양녁 노을빛은 꿈인 듯 화려하고
뒷동산 마루에 걸린 달은 그림 같고
함께 꿈꾸던 동무들은 어디로 갔나
나만 홀로 옛동산에 올라 뛰노라네

복사꽃 곱게 피어있는 뒷동산에
뻐꾹새 쌍쌍이 보금자리 찾아 날고
비춰오는 달빛도 옛모습 그대로인데
내 모습은 간데없고 내 마음만 옛날 같구나

나그네

고개 넘어 숲속을 걷는 나그네야
가는 곳이 어디메뇨
갈 곳 잃어 심신이 무거우니
산이 더 높아보이는구려
구름은 꽃잎처럼 피어나고
달빛은 휘영청 밝으니
덧없는 나그네의 꿈만 서럽구려

보름달이 뜨면

달이 뜨면 산과 들에 청춘의 불빛들
별들은 구름을 안고 꿈나라로 접어드네
강물은 밤이 짧다 소리치며 아우성이고
갈곳 먼 나그네의 노래도 윤기가 흐르네

꽃이 피네

재 너머 푸른 들녘에 꽃들이 피고
솔바람 향기에 이 밤이 무르익노라네
꽃은 붉은 동백 하얀 달맞이꽃
이슬 내린 언덕엔 파란 나비 취해 잠들고
달이 뜨는 소리에 눈 비비는 버들강아지
꽃이 피어나는 곳엔 사랑의 환타지들
재 너머 푸른 들녘엔 꽃이 피네 인꽃이 피네

밤의 노예

찬란한 별들도 잠들어 꿈꾸는 밤에
하늘 한 번 바라보라
별들은 목을 조아리며 미소짓는데
피리 불던 새들도 잠들어 고요한 이 밤에
하늘 한 번 바라보아라
달님은 싱글벙글 꼬리치는데
이 밤이 지나가면 무엇하리 별이 또 지면 어찌 살랴
꽃이 죽어 별이 된다면 새가 죽어 달이 된다면

봄의 찬미

봄바람이 살랑살랑 옷깃을 여미면
나물 캐는 처녀 언덕을 돌고 도네
태양은 동백꽃잎처럼 피어나고
이름 모를 새들은 이 봄을 찬미하네
종달새 우는 언덕을 따라 걸으면
반짝이며 인사하는 은빛 수선화
달빛은 안개 속에 잠들어 있고
청춘의 피끓는 노래는 꽃잎을 삼키네

만월이 되면

둥근 달이 떠오르면 동산에 올라 노래하겠어요
찬란한 이 밤을 홀로라도 잡고싶어요
산 자란 무엇인가
한 조각 사랑찾아 몸부림치는 노래이리라
둥근 달이 떠오르면 언덕길을 걸으며 사랑하겠어요
수선화를 보는 마음으로 향기로운 밤을 지새겠어요
죽은 자란 어떤것인가
자신에게 버림받고 시들어버린 청춘이어라

화동

구름에 달빛 가리니
꿈만 서러워
변치말자 멩세하던 그 마음
물거품 되었네
봄이 되어 꽃은 피어도
내 마음은 겨울이어라
하늘 높이 울며 나는 저 기러기만이
내 친구구나

산사의 꽃

산사의 피는 꽃은 그 마음 고결하여라
이슬을 먹어 더욱 향기롭다네
산사에 피는 꽃은 그 빛깔 청명하여라
솔향기 먹어 더욱더 은은하다네
밤이면 또 별빛에 물들어 속삭이네
사랑은 눈 오는 밤에도 따사롭고
비를 맞아도 웃음이 나는 것

긴 밤

꽃이 피고 새가 우는 봄이 돌아왔건만
한 번 떠난 내 님은 소식 한 장 없어라
해가 뜨면 오시려나 달이 뜨면 오시려나
깊은 밤에 홀로 깨어 잠 못이뤄 새노라

봄의 뜨락에서

산길을 홀로 걷노라면 달님은 따라오고
뒤돌아보면 꽃들이 미소를 짓네
돌아가는 길에도 달님은 또 따라오고
꽃들은 또 미소를 짓네
하늘엔 별들이 반짝이며 노래하고
새들은 구름 속으로 날아가네
꽃이 피니 내 마음도 피고 별들도 미소짓네
술 한 잔에 이 밤이 취하고
또 한 잔에 저 달이 비틀거리네

청춘의 탄식

만리타향 낯선 곳에 홀로 외로이 뜬 저 달
반겨주는 이 하나없는 서럿발이 돋아나는 이 밤
정든 산천 못 뵈옵고 기나긴 밤 지새울 때
두견이 높이 피리를 불면
술잔을 적시는 청춘의 탄식

첫사랑의 수첩들

꿈 많던 첫사랑에 버림도 받았더라
텅 빈 들판에 홀로 서서 눈물도 흘렸다네
술잔을 채우는 청춘의 노래 이 밤을 새우고
가슴에 못이 박힌 맹세 섧더라
봄이 가면 꽃이 지고 달도 차면 기우는데
내 마음은 어찌 풀릴 줄 모르네

밤의 굴레

덧없는 세월을 붙잡고 탄식도 하였노라
고요한 달빛을 붙잡고 심술도 부렸노라
고추냉이 향기에 취해 밤낮 잠도 쌓였소
가네 가네 떠나가네 바람 따라 구름 따라
꿈을 꾸듯이 꽃잎이 날리듯이
도네 도네 헤메 도네

사월의 산촌

꽃이 피면 파란 나비들이 끝없이 나네
달이 뜨고 별이 뜨는 산촌에 파묻혀
솔 향기 맡으면서 꿈을 키우고
파랑새 노랫소리에 아침이 밝아오는
사월의 산촌에서 세상을 불러본다

뜸북새

뜸북 뜸북 뜸북새야 언제나 청명한 그 목소리
뜸북새야 너는 고향을 지키는 나팔수
실록이 우거진 한여름이면
논고랑 그늘 밑에 주저앉아서
뜸북 뜸북 뜸북새야 너는 여름에 천사로다

백조

금빛 물결 출렁이는 해 지는 석양녘
백조의 날개짓 별이 되어 반짝이네
덧없는 나그네의 발길도 멈춘 채
꿈인 양 양볼을 꼬집어 보더라

어머님의 자장가

꽃이 피는 언덕엔 종달새 노래
달이 뜨는 동산엔 부엉이 노래
한밤중에 고요 속에 잠들어 꿈을 꾸니
어머님이 살아생전 들려주던 자장가일세

비틀대는 밤

청춘의 노래는 까닭 모를 슬픔이라
세월도 바람 타고 눈물짓네
꿈 같은 한 세상 헤어진 얼굴들
술잔을 맴돌아 비틀대는 눈동자
날아도 끝이 없고 불러도 대답없는
허공을 떠도는 구름에 숨소리
찬바람에 서릿발이 돋는 밤이면
달빛에 미쳐 헤메도는 영혼

거룩한 밤

저녁나절 울부짖던 새 한 마리
바람 따라 사라지고
잔버들이 곱게 떠올라
영롱한 빛을 뿌리네
꽃잎도 눈을 감고 잠이 들어
허공엔 평화의 물결로 그득찼네

파란 나비

달빛을 안고 서 있었네 꿈 같은 시절에는
세월이 가는지 청춘이 가는지 모르는 채로
떨어지는 별을 보며 술 한 잔을 마시며
파란 나비들의 노래에 취해 청춘을 잃었노라

청춘 팔자

동백꽃잎은 봄바람에 떨어져 뒹굴고
신록은 산천에 깃발처럼 우거졌네
해는 지고 또 뜨고 달도 지고 또 뜨는데
헤메이는 구름이랴 떠도는 바람이랴
한 번 간 내 청춘은 돌아올 줄 모르는구나

청춘 그것은

청춘 그것은 이름만 들어도 심장이 터져오고
바라만 보아도 눈이 시려온다
청춘 그것은 날아도 날아도 끝이 없고
울어도 울어도 눈물이 없더라
청춘 그것은 살아있어도 죽었다 하고
죽었어도 살아있다 할 수 있는 특권 같은 것이리

별이 뜰수록

너는 구름같이 멀리 떠나갔어도
내 맘속엔 아직도 너를 보내지 못하였구나
꽃이 피고 새가 울고 신록이 우거진 밤이 오면
달빛같이 별빛같이 살아 반짝이네
청춘의 나날은 꿈과 같아서 날아도 날아도 끝이 없고
퍼내고 퍼내도 마르지 않는 정열
마셔도 마셔도 취하지 않은 그빛깔
그 향기 그 노래에 취해 오늘도 나는 꿈속을 헤메이네

철새

청월의 노래 화려하게 온 세상을 감싸안고
백운이라 짝을 찾아 창공을 물들이는데
초록새 한 마리 깊은 밤에 홀로 깨어
가녀린 노래 부르며 구름 속으로 날아가네

청춘

잎새는 떨어져서 거름이 되고
바람은 불어와 뭇씨앗들을 날리노니
엄동설한 얼음이 녹아내리는 날에
꿈속에 님을 만나듯 피어 반기리라

삼돌이

한옥마을 돌아서 오시는 님은
꽃다발 들고 백마 탄 삼돌이라네
남고산성 따라서 마실 나가면
까치가 노래하고 진달래가 춤을 추네
별이 뜨는 완산벌 찬란한 역사문화
팔천만 가슴에 보배로구나

내소사 처녀

내소사 뜰녘에 피어있는 꽃은
반가운 님 그리워 기다리는 마음
채석강 사이사이 부딪히는 물살에
보고픈 님 소식 싣고 오려나
백합죽 먹으며 맹세한 언약
오늘도 보고 싶어 노래 부르네

내장산 노래

내장산 오르다 중턱에 앉아
푸른 들녘을 바라다 보네
녹두꽃 줄기줄기 맺혀 있는 이슬 방울
떠나간 님 그리워 부르는 노래
황토현 벌판에 녹두새 노랫소리
물결치는 보리밭엔 햇살이 반짝이네

마이산 빛

마이산이라 귀가 커서 잘 들리더냐
산이 높아 물줄기 청명하더냐
인삼 향기에 하루 해가 저물고
인삼 기운에 이 밤이 짧구나
진안 처녀들 마음씨 곱고 인심 좋아
진안 총각들 굳세고 강인해

장수산노을

장수의 사과는 산 이슬 먹고 자라고
장수의 한우는 산 이슬 먹고 산다네
논개의 굳은 절개 장수를 보듬고
논개의 고운 마음씨 장수의 자랑일세
장수는 낮이 짧고 밤이 길어서
밤마다 끊임없이 불타는 예술혼

세

이 세상에서 가장 센 세는 지금도 내려가는 하락세
이 세상에서 가장 비싼 세는 지금도 올라가는 상승세

세상에서 가장 불에 잘 타는 세는 유류세
세상에서 가장 물에 잘 녹는 세는 수도세

짓밟힌 순정

눈물로 씻으리까 달빛에 차오리까
핑크빛 가슴에 대못 박힌 순정
한숨으로 달래는 서러운 밤
아…… 짓밟힌 맹세

청춘 문라잇

달빛 따라서 구름 따라서 손 잡고 노닐며
사랑하고 꿈을 꾸던 맹세 섞던 그 밤들
세월이 가고 꿈도 지고 속절없는 달빛만이
정답던 그 시절 얼싸안고 하늘가를 맴도네

별새

꽃잎도 떨어지고 텅 빈 세상 구름도 잠들어
갈 곳 없는 나그네의 술잔이 초라하구나
찬란한 저 달빛은 밤새어 내 모습을 그려내고
덧없는 별들은 구름 속을 꿰뚫네

꿈의 계절

꽃이 피고 새가 우니 마음도 설레여라
달이 뜨고 별이 뜨니 꿈만 같구나
하늘 높이 나는 새야 구름 속을 날거든
눈 먼 내 가슴 함께 싣고 가다오

밤의 청춘

해 저문 들녘에 별들의 노래
산새도 잠들어 평화의 물결
님 그리는 저 달빛은 밤새 처량하고
술 한 잔에 청춘이 깨어나네
파란 나비 줄지어 구름 끝에 걸려 아롱거리고
바람새는 춤을 추네

소쩍새

구름 속에 숨어 있었네 향기로운 너의 숨소리
달빛처럼 영롱한 오월의 얼굴이여
살살대는 녹음을 뚫고 날아오른 소쩍새 한 마리
하늘 높이 나네 정든 고향 남겨둔 채로
청춘이여! 까닭 모를 눈물이 흐르는 노래
사랑이여! 마시지 않아도 비틀거리는 욕망

사랑의 봉사

두 눈을 뜨고 있어도 사랑을 모르면 봉사요
달이 높이 떠올라도 그림 속의 떡이라네
안개 속에 피어나는 꽃잎처럼 초라하고도 처량하다네
사랑을 해도 텅 빈 가슴 누구를 탓하리
사랑을 해도 서러운 빛 무엇을 원망하리
덧없는 구름만이 가엾은 나를 이끌고
술잔 속에 밀어넣네

청춘의 빈잔

별들을 바라보며 꿈을 꾸듯이
긴긴밤 홀로 앉아 꼬박 새웠네
구름 속에 울부짖는 달빛같이 별빛같이
날지도 못하는 겨울날 동백꽃 신세
강술 한 잔에 끊는 맹세 굳세어도
끝도 없는 세상살이 청춘만 고달파라

정의 요술

정이란 것은
시작도 없고 끝도 없는 모순된 그림
지우려 해도 가슴속에 살아
내 뜻대로 못되게 만드는 노래
정이 들어 울고 웃는 것은
꿈 같은 추억들이 명령하는 것

잡으려면 흔적도 없고
돌아서면 눈물이 흘러라

작은 별

동이 트는 이른 아침
지친 작은 별 하나
새벽바람에 몸을 씻고
머나먼 고향으로 날아가네
불러도 불러도 홀로 피는 얼굴이여
날아도 날아도 임자 없는 날개여

청춘과 고독

달이 뜨는 저 언덕에 보랏빛 새 한 마리
해 지는 들녘엔 노을빛 비단 안개 집
만남의 즐겁던 사랑도 헤어짐에 쓸쓸하던 추억도
세상이 뿌려놓은 운명의 덫인 것을
청춘이란 무엇이냐!
방황 속에 죽어가는 덧없는 꿈이리라
고독이란 무엇이냐!
인간에게 주어진 필연적인 명예일세

섬진강

산이 높고 물이 맑아 선녀도 꿈꾸며 놀았더냐
인심 좋고 경치 좋아 인물이 골골이 잦았더냐
들국화 피는 밤이면 강둑에 부비고 앉아
너를 품어보노라
물길 따라 세월 따라 흘러온 역사
찬란하고 유구한 너의 얼굴
강물에 띄워 빛내리라

산촌에 살며

푸른 솔 향기로운 산촌에 살련다
뻐꾸기 노랫소리에 머루 다래 익어가고
노루 사슴 하품 소리에 하루 해가 저무는 곳
꽃이 잠든 밤이면 별들이 꿈꾸는 뒷동산에서
달의 전설을 들으며 가슴속을 읽으련다

새 꿈

푸른 달이 뜨는 춘삼월에 화조류들이 노닐 듯이
서로 의지하며 어울려 새 꿈을 엮어보세
붉은 태양이 찬란히 빛나 녹음방초 우거지듯이
서로 마주보며 손잡고 새 꿈을 엮어보세
하늘엔 조각구름이 땅 위엔 비단안개가
시린 우리 가슴을 덮어주리니

백발

사랑하는 그 마음 깊을수록
이별의 슬픔 더욱 크련만
나 싫다고 떠난 사람인 것을
울어본다고 그 설움 달래지더냐
처량한 조각달은 빛 모양 만큼이나 외롭고
내 청춘은 그늘 먹고 홀로 죽네
봄바람에 초록 물결 곱디곱고
연분이 떠난 이 가슴 백발이 되었네

초여름 밤

별들이 초롱초롱 빛나는 밤 초여름 잔디밭에
푸른 꿈은 익어가고 들꽃은 피어 만발하였네
바람은 산들산들 불어 고운 님 얼굴에 입 맞추고
구름도 수줍어 하늘 높이 솟아오르고
파란 나비 쌍쌍이 훨훨 희망 속으로 날아가네

청춘의 얼굴

총총히 떠 있는 저 별들처럼
허공 중에 스며드는 저 별들처럼
청춘이란 그 이름 부르기도 전에
안개 속으로 사라져 간 얼굴이여
푸른 강물은 오늘도 말이 없고
새들의 노랫소리 오늘도 깨우네
해 지는 석양녘에 오늘도 나는 홀로 서 있네
사랑이란 두 글자 깨치기도 전에
허무함과 고독감 남겨둔 채로
꿈 같은 세월을 따라
안개 속에 헤어져 간 이름이여

님의 노래

새들도 잠들어 평화의 물결이 흐르는 밤에
별들은 구름 속에서 꽃잎처럼 피어나는데
나를 찾던 님들의 꿈 같은 노래
지금은 어느 곳에서 연분되어 흐르고 있나
어머님의 자장가를 듣던 때를 생각하면
따르는 술잔에 눈물이 흘러내리고
두견새 높이 떠올라 노래 부르면
살며시 눈 감고 나도 몰래 꿈속을 헤메네

꽃잎을 묻으며

꽃잎 속에 숨어 있는 나비들을 찾아서
돌고 또 도는 것이 인생인 것을
욕망을 깨우는 봄바람을 타고서
동산에 올라 날리는 꽃잎을 보며
한숨짓습니다

사랑의 매듭

휘영청 달빛인가
영롱한 너의 눈빛은 잠든 내 청춘을 깨우고
빗줄기 퍼붓는 어둠 속에서도
내 가슴은 별빛같이 반짝이네
달콤한 햇살 같은 입맞춤의 눈부심에
구름은 꽃잎처럼 푸른 바다에 흩어지고
헐벗은 내 영혼 살찌우네
사랑이란 어떠냐
매듭 없이 꿈속에 피어나는
오아시스 물결과 같고
결혼이란 매듭 있어
순수한 영혼을 파괴하는
마약의 환상이어라

철부지 사랑

오뉴월 실바람에 꽃은 떨어져 자취도 없고
된서리는 찬바람을 몰고 왔구나
부귀영화에 철부지 사랑은 깨어져 흔적도 없고
구름같이 연기같이 연민만 풍요로워라
그래도 달이 뜨고 별이 떠오르니
슬플사 울어도 쓸데없고 헛되어라

비바람

지난밤 잎새들이 비바람에 눈물짓더니
이른 아침 깨어보니 보이지 않았네
멀리 있는 그 님을 몹시도 기다리다가
기다리는 잎새들이 비바람이라고 했다네

청춘의 벗

이심전심에 피는 정열
꿈인 양 감미롭고
신망에 타는 눈빛 금상첨화여라
유성인 듯 백설은 천상을 날고
내 몸은 백운인 듯 흐르듯 떠있네

청새

청산에 사는 새야 긴긴밤 홀로 왜 우느냐
만월은 서럽도록 찬란하고
파란 나비들은 구름인 듯 물결치는데
청산에 사는 새야 날지 않고 왜 홀로 서 있느냐
서산에 지는 해 세상이 질려 꿈속을 날아가는데
셋상은 그대로인데 네 모습만 변하는구나
마음먹기에 따라 변하는 것은 세상이 아니라
네 얼굴이란다

태양

동녘에 떠올라 세상을 만나서
사랑하고 노래 부르다가
달이 뜨고 별이 뜨면 한점의 추억만 남기고
안개 속에 사라져 가리라
죽어야 사는 것이 운명이더냐
운명의 장난이 인생이더냐

조각달

봄바람에 초록 물결 물드는 언덕에서 만나
두 손 잡고 함께 거닐며 사랑을 맹세했었지
지금은 헤어져 떠난 그 언덕길에
민들레만 홀로 피어 서 있네
달콤한 노래 향기로운 그 입술
사랑한다 변치말자 했던 말이
저 하늘에 떠 있는 조각달처럼
이 가슴을 맴돕니다

연분

내 마음에 빛이 있으면
하늘에 저 달처럼 빛이 있으면
언젠가 당신이 멀리 갔을 때
달빛처럼 당신 곁에 그림자로 물들고
내 사랑에 향기가 있다면
들에 핀 꽃들처럼 향기가 있으면
이윽고 당신이 미소 띄울 때
들국화로 피어 향기를 더하리
쭉 세상이 향기롭고 아름다운 것은 연분이 있음이요
고단하고 지친 삶을 포기하지 않는 까닭이려니

그렇지 뭐

구름이 바람에 물결치면
이 마음 맥없이 흔들리고
어둠 속에 저 달이 솟아 미소 띄우면
이 마음 덩달아 손을 흔드네
이별의 아픔은 멀리 없어지고
이 몸은 기쁨을 감추려 눈물짓네
세상은 언제나 그런 것이려니
그런 것이 일생의 전부일지니

님타령

이슬 내린 깊은 밤 홀로 왜 우느뇨
마음 변한 님 생각에 잠 못 드느뇨
샤일랑 샤일랑 샤얼랑살랑 살리살랑
술이나 한 잔 들음매 술이나 한 잔 들음매

뭉결치는 저 구름아 가는 곳이 어디메냐
둥둥둥둥 이 몸 싣고 함께 가자드뇨
샤얼랑 샤얼랑 샤얼랑살랑 샬리살랑
님 만나 보자드뇨 님 만나 보자드뇨

만경에 살으리라

만경에 살으리라 꿈을꾸며 살으리라
낮에는 강물을 보고 밤에는 별을 보련다
샤르샤르샤르르 샤르샤르샤르르
샤르샤르샤르르 샤르샤르샤르르

만경에 묻으리라 이몸을 묻으리라
산 좋고 물 맑은 곳에 내 영혼 묻으리라
샤르샤르샤르르 샤르샤르샤르르
샤르샤르샤르르 샤르샤르샤르르

청춘 그림자

염불에 부서진 못 맺을 사랑 놀음
공명심만 타올라 야속한 세상사에
어쩌면 그렇게 그렇게도 무정하리
얄궂은 봄바람에 내 청춘이 시드네

찬란한 빛

녹음방초 우거진 정자나무 그늘 밑에
청춘남녀 둘이 앉아 밤을 새우네
허야 허야 어허야 찬란한 밤이로세
원앙새 두 마리 눈부시도록 금슬도 좋아
불어오는 바람마저 심술을 부리는구나
허야 허야 어허야 찬란한 여름이로세

만경 아리랑

만경벌에 노니는 새는 기운도 좋아
청명한 노랫소리에 하늘마저 쩌렁쩌렁
아리아라리 쓰리쓰라리 아리쓰리 아라리
만경벌 넓은 들에 풍년이 왔네
녹두새들 노랫소리에 천지가 개벽하고

따사로운 인정에 처녀 마음 녹아나네
아리아라리 쓰리쓰라리 아리쓰리 아라리
만경벌 넓은 벌에 황금꽃이 피었네

2

아리랑 처녀

달덩이 같은 동백꽃이 피고 지는 밤이면
님 생각에 잠 못 드는 청춘이 가엾어
술 한 잔에 목 축이는 이 밤이 나는 싫어
아리아리 쓰라리 쓰리쓰리 아라리
만나보세 만나보세 정든 님 만나보세

구름 속에 저 달이 떠서 맴돌아 날면
님 그려 보고픈 맘 가실 길 없어
여민 가슴 부여잡고 멍멍이만 나무라네
아리아리 쓰라리 쓰리쓰리 아라리
찾아가세 찾아가세 정든 님 찾아가세

전주 아리랑

어헤야 헤야 데헤야 헤야 어헤야 데헤야
어헤야 데헤야 어헤야 데헤야
청하의 물결은 출렁출렁거리고
이 내 마음은 쿵쿵쿵 울렁울렁거리네

어헤야 헤야 데헤야 데야 어헤야 데헤야
어헤야 데헤야 어헤야 데헤야
청산에 뜨는 달은 동백꽃 향기요
이 가슴에 뜨는 달은 님의 향기로세

만경강아 말해다오

실록 향기 물드는 강나루 언덕에
장미화는 피어나고 종달새 소리 요란한데
달을 따던 처녀들 누가 데려갔나
만경강아 말해다오 이 가슴의 슬픔을

억새를 배자

산버들향 날아드는 설익은 언덕에 미끄러지듯
저 달을 벗삼고 연가가 피듯 억새를 베자
꽃망울 터지는 사월의 들녘에
어우러져 나비를 잡고
하늘을 날듯 억새를 베자
천상엔 별들이 지상엔 꽃들이
빛나는 파란 꿈을 잡아 밝히리라

나그네 달

구름에 달빛 가리니
청춘이 가엾고
술 한 잔에 지새는 밤
세상이 허무해
어쩌다 바람 불어 이 마음 스칠라
내 마음 나도 몰라 석양녘에 뉘일세라

청춘의 얼굴

구름처럼 날자던 파란 나비들의 꿈이여
먼 바다 끝까지 가자던 청춘의 목마름이여
날자날자 부서지는 그날까지
산넘고 또 넘어 부름이 없는 그날까지

달빛처럼 죽지 않고 살자던 청춘의 빛깔이여
바람같이 덧없이 구르던 영혼의 숨소리여
살자살자 깨어나는 그날까지
들 지나고 또 지나 변함이 없어지는 그날까지

판문점의 밤

원망 서린 판문점에 저 달이 뜨면
보고파라 고향에 피던 꽃이여
봄이 가고 여름이 가고 또다시 봄이 찾아와도
지워지기는커녕 더욱 간절하구나
두견이도 밤이면 울며불며 고향집에 날아드는데
갈 곳 잃은 내 가슴엔 눈물과 한숨으로 얼룩지네
꽃피고 새가 울어 분명 호시절이련만
찢겨진 내 가슴엔 눈보라만 몰아치네

조화

나의 가슴 너를 만나 꿈속을 헤메고
너의 숨소리 나를 만나 이 밤이 푸를 때
별들은 밤새 노래하고 달님은 몸소 미소를 짓네
나의 마음 네 마음에 들어가고
너의 마음 내 마음에 기대니
금상첨화보다 더한 것은 음양의 절묘함이리라

신록의 유월

동그란 보름달이 구름 속을 헤치노라
버들가지 한 가닥 꺾어들고
꿈을 꾸는 심야의 종소리를 들으며
바람결에 눈을 뜨고 바람 불어 잠 못 드는
신록의 푸른 향기 날개들어 먼 방랑에 잠기노라

이심전심

내 마음 서러워 잠 못 들면
별들도 서러워 눈물짓고
내가 기뻐 노래 부르면
별들도 기쁨에 미소를 짓네
내가 언덕을 따라 걸으면
어느새 다가와 불을 밝히고
네가 지쳐 잠이 들면
나는 어느새 꿈을 꾸네

빼앗긴 봄

이제 가면 언제 보나 정든 산천 푸른 강물
낯설고 물설은 곳 누굴 찾아 가는가
포근한 달빛 찬란한 새들의 노랫소리
남겨두고 나는 왜 떠돌아야 하는가
술 한 잔에 지새우는 이밤
가엾은 청춘의 얼굴이여

이별의 덫

늦은 밤 홀로 깨어 달빛을 바라보며
이슬 맺힌 신비로운 세상도 만났고
바람에 흩어지는 꽃잎을 바라보며
영혼이 찢겨지는 허무함도 느껴보았소
꿈을 꾸듯 그렇게 청춘은 사라져 갔지만
이 가슴속엔 아직도 설레임이 살아
이별의 덫이 되었네

여름강변

구름이 살랑살랑 피어나는
여름 강언덕에 달이 솟아나면
풀피리 꺾어 맹세를 하며
푸른 강물로 텅 빈 가슴을 채울 때
바람아 불지 마라 울렁울렁
이 내 가슴 녹아내릴라

청해홍일

푸른 파도 넘실대는 수평선 저 너머
조각구름 한 가닥 흐르듯 걸려있네
태양이 꿈을 꾸는 아름다운 여름날
실바람이 일듯 솟아나는 소망의 빛줄기여
연기처럼 가물가물 잎새들은 속삭이고
화려한 사랑의 찬가에 세상이 잠 못 드네

향수의 노래

추월야경 향수에 젖어
뜬구름 잡고
귀뚜라미 되어 이 밤을 새운다오
추월야경 향수에 젖어
실바람과 함께
단풍잎 되어 가슴이 멍든다오

고향의 얼굴

내 고향에 나 찾아가서
뒷동산에 먼저 올라가리라
산새들 노랫소리 들으며
청솔향기 맡으리라
자유와 평화 기쁨이 충만한 그곳에서
내 영혼 편히 쉬어 놀리라
꿈속에서도 그려 눈물짓던
어머님 젖가슴 같은 고향의 얼굴
나 오늘 죽어도 바랄 것이 없구나

구름이여

구름이여 구름이여
너는 알고 있으리라
꽃은 떨어지므로 아름답고
달은 죽지 못해 서럽다는 것
구름이여 구름이여
너는 깨우쳐 피곤하리라

짝

꽃은 떨어지고 나비는 날아가고
먼 들녘에 바람 소리만 흐느적거려
맺지 못할 여심이라 그 누가 말했던가
행여 하는 마음에 고개를 흔들어 보지만
달빛마저 외면하니 아닌 듯 같을세라
여심의 푸루름은 영원하지 못할진대
달빛은 변함이 없구나
모르고 모를 것이 세상의 연분이 아닌가
남과 여 빛과 그늘을 짝이라 부르지 않는 것은
서로 다름이 없어서 그러는 것은 아닐는지

사회적 동물

만날 때 하던 맹세 뒤돌아서면
희미해지는 것이 인간의 본성 아니던가
누구를 원망하고 무엇을 탓하랴
추악하고 간사스럽다는 말이
인간을 지칭한 것이 아니더냐

봉선화

앞뜰에 봉선화 피고 지면
여름날은 죽음보다 더 깊어지고
주름진 할머님 얼굴에 웃음이 번지면
내 손톱에 빨갛게 피멍이 드네
피 흘리며 죽어간 꽃들은 잠들어 말이 없고
불타는 여름날은 설레듯 잠이 없네

찬란한 빛

생전에 맺지 못할 속세에 인연을 씻으려고
구천을 떠도는 가엾은 부름이여
겨울에도 꽃을 피워 영혼을 쉬게 하리
창공의 별들은 세상을 굽어보고
이 내 혼은 속세를 구름처럼 오고 가니
영공을 지켜 흐르는 한줄기 긍지로세

집착할수록

푸르던 무성한 잎새들도
찬서리 앞에 맥없이 손을 들고
꽃이 피면 떨어지듯이
청춘의 열정도 그리 멀지 않으리
해도 지고 달도 지고 인생도 사랑도 다르지 않겠지
아! 조이는 맘 누구에게 아! 조이는 가슴 어디로

너의 이름 부르며

청춘의 푸르름이 깨일 때
그 품속에 나를 머물게 하라
사랑함에 있는 단꿈과 샛피는 번뇌
산을 넘고 물을 건너 무리지어 놀거늘
오! 꿈빛 같은 청춘이여 오! 꿈빛 먹은 사랑이여
너의 이름 부르며 너의 얼굴 바라보며
나의 마음 커져 번지리 나의 마음 커져 번지리

별

저녁 하늘 잦게 피어나는 한 송이 안개꽃
세상 근심 모르는 채 미소 짓는 철부지 한량
지치고 허전한 가슴을 씻어주고
즐겁고 벅찬 가슴엔 기쁨을 더하리
언제나 변함없이 똑같은 얼굴 똑같은 마음으로
천지를 굳어보니
세상의 근본이요 인생의 귀감일세
허나 초롱한 빛을 품은 나는 새벽을 먹고
먼 나라로 떠나야 하는 고독한 신세일세

금산사의 밤

달 밝은 금산사의 맑은 저녁 종소리
산새들도 잠들고 법당의 불빛은 고요히 흐르고
지친 나그네들 마음 헤쳐 쉬어가노라
금산사 뜰 앞에 꽃잎이 빨갛게 물들어가면
내 마음 구름처럼 하얗게 설레고
나그네의 지친 숨소리 종소리에 실려
허공에 흩어지네

신의 과오

사랑한다던 그 맹세
굳게 믿으리 하였거늘
변하여 돌아서는 그 마음 어찌하리
믿을사 인간의 형체 뿐이려니
못믿을사 인간의 마음인 걸

꽃잎이 날리면

꽃 한 송이 구름인 듯 하늘 높이 치솟으니
새들도 동무인 양 구름 속을 날아가네
달빛은 신비한 듯 끔적끔적 눈 비비더라
한 조각 별빛인가 구름 속에 연기인가
가물가물 희미하게 허공에 흩어지네
꽃잎도 신기한 듯 꿈을 꾸듯 웃더라

수풀을 헤치며

달빛마저 푸르른 수풀 속 그늘 밑에
조그만 집을 짓고 시냇물처럼 살리라
늦가을녘엔 온 산이 진홍빛으로 불타는 곳에서
달과 별을 벗 삼아 꿈꾸며 놀리라
속세에 노는 꽃과 새는 믿을 수가 없어
내 마음 믿어 평화로운 수풀을 헤치며 살리라

고향

버들잎 새록새록 눈을 부비면
이슬 맺힌 보리피리 꺾어 불었네
우물가 아낙네들의 입방아 소리에
뜨던 달도 싱글벙글 미소지었지
뜸북새 울어울어 여름이 짙어지면
넝쿨장미 담장을 넘어가고
동네 자급단 따라 흥겹던 옛날은 추억이 되고
요란한 기계 소리에 가슴이 삭막하구나

첫사랑의 향수

너를 처음 만나던 날 구름 위에 뜬 기분이었어
날아가는 새들을 바라보며 나는 꿈을 꾸었지
달빛은 향기롭고 별빛은 달콤하고
구름 속에 나비인 양 넋을 잃고 정신이 몽롱했지
지금 생각해도 내 마음은 구름 속을 날며
허공 속에 내 모습은 달빛을 머금었지

이별 연습

사랑하는 이여 우리 헤어져도
이별 위해 눈물 흘리지 말며
앞날을 빌지도 마시고
허전한 가슴을 달빛으로 씻어요
사랑하는 이여 우리 헤어져도
서로를 미워하지 말며
지난 과거를 원망하지도 마시고
별빛처럼 그냥 말없이 흘러서 가요
마지막 찻잔을 나누던 그 찻집에
담배 연기 모락모락 피어 불빛에 맺혀도
후회도 하지 말고 미련도 두지마시고 그냥 떠나요

사월에는

실버들 조각조각 눈을 부비고
시냇물 졸졸졸 봄빛 따라 흐르면
종달새 나래 위에 설레임의 꿈 실어보네
꽃을 찾는 벌나비처럼
꿈을 꾸는 사월의 창공처럼
내 마음도 파랗게 물들건만
사랑 찾는 어느 여인의 여민 옷자락에서
날다 죽어도 뜻 모를 청춘뿐이구나

마음의 빛

노을빛 파도 구름 화려한 석양을 부르고
우수에 젖은 조각달 나를 유혹하누나
짝을 지은 저 기러기 구름 위를 맴돌고
영롱한 동백꽃 신비한 빛을 발하고 있네
멀리 떠난 사모하는 이여
오늘도 나는 보고파 밤을 지새우노라
언젠가 우리 만나면 몸소 웅변하리라
내 가슴속 깊이 네가 살고 있다고

청춘의 덫

쇳덩이도 소화시키는 청춘의 언덕에서
달빛 보고 눈물짓는 가엾은 신세 있네
짝 잃은 기러기인가 길 잃은 나그네인가
새파란 봄날 서릿발이 돋는 조화 누구의 종용인가
바람아 너는 알고 있으랴 구름아 너는 듣고 있으랴
고달픈 청춘의 노래 그 누가 반겨주리

파란 얼굴

청춘의 노래는 봄볕에 잠을 깬다
실버들 사이로 비친 달빛 창가에
청춘의 사랑은 강물 위를 맴돈다
종달새 나래 위를 속삭이는 봄 물결
청춘이란 것은 누구도 거부할 수 없는 특권이랴
인생이란 것은 혹시나 하는 마음에 눈을 뜨는 것이리

욕망의 빛

봄바람에 꿈을 꾸었네 달빛에 묻혀
꽃잎 속에 숨어 있는 파란 나비를 잡았고
하늘 향해 손 내밀어 사랑을 구걸하였네
화첩선녀를 만나 기울듯 천사가 되었네

청춘의 밤

꽃을 쫓는 파란 나비 꿈속을 날고
달빛에 모여든 꽃들은 찬란도 하여라
짙은 밤 물결치는 천지 만물 대향연에
구름도 빠질세라 잠시 쉬어 가노라

추억은 아름다워

금빛 물결치는 강 언덕에 잠자듯 부비고 앉아
종달새 노래 들으며 잿빛 꿈을 꾸었지
물속에는 조각달이 빠져 꿈속을 헤메고
허공에는 잔별들이 쌍쌍이 불을 밝혀 잠을 깨우네
과거 내 모습은 없어지고 눈가엔 주름살이 꽃피었네
옛날을 부르자 추억을 삼키자 오늘을 잊어버리자

청춘

새파란 단풍잎을 책갈피에 꽂아보자
저 하늘 멀리 구름 되어 날아가자
오늘 우리에겐 내일은 없다
내일을 믿는 것은 환상이다
푸르고 푸르른 날은 그리 멀지 않고
달이 지고 별이 지면 마음만 서러우리

밤의 천국

황랑한 달빛이 졸음을 재촉하는 밤
나 홀로 깨어 구름 잡고 시름을 실어보내
파랑새 날던 언덕에 올라서
푸른 강물을 바라보노라면
세상 근심 사라지고 마음은 풍요로워
온갖 부귀영화 부럽지 않네

고향뿐이리

기쁨이 충만한 내 고향에는
꽃피고 새 울고 달빛 비칩니다
푸른 산 맑은 물 산천에 들어서면
뻐꾹새 울고 종달새 날아 천국이 따로 없네
구름도 가까이 다가와 나를 부르는
내 고향뿐이지

사모하는 이에게

나비를 쫓는 느낌으로
구름을 잡는 기분으로
사모하는 너를 그려봅니다
사모하는 너를 담아봅니다
이름 모를 꽃들이 만발한 언덕에서
별을 보는 설레임으로
사모하는 너를 새겨봅니다
사모하는 너를 읊조립니다

옛 달

잊지 못할 님이여 꿈속에도 그리워
멀리 떠나버린 그날 밤에
내 마음은 무너져 내렸다오
나는 아직도 사랑이 무엇인지 잘 모르지만
이토록 내 영혼 조여도 싫지 않은 노래
달콤하면서도 고통스럽고
고통스러우면서도 아름다운 방황
눈 내리는 겨울밤 뜬달 같아라

달의 고독

신록이 우거진 찬란한 여름날
짝을 지은 저 기러기 어디로 날아간
엄동설한 춥다춥다 하여도
님 없이 지새는 밤보다 더 차가우랴
바람은 별빛을 안고 돌고 도는데
이 내 몸은 어둠 속을 헤메도네
꽃피고 새 우는 봄날이 찾아오면
허전하고 쓸쓸한 이 내마음에도 꽃이 필까

밤의 초상

달빛은 화사하게 내 영혼을 휘어잡고
구름은 물결쳐 저 멀리 흘러가는데
뜻 모를 이름 하나 나를 불러 손짓하고
재야의 종소리는 기나긴 밤 지새는구나

바람아 구름아

바람아 구름아 너는 어디로 가느냐
하늘엔 조각달이 헤엄쳐 뒹굴고
들판엔 잔별들이 얼싸안고 속삭이는데
바람아 구름아 너는 무엇하느냐

업보

짝을 지은 저 기러기 하늘 높이 날아가고
허공 속에 꽃잎처럼 반짝반짝거리네
짝을 잃은 조각달은 허공을 헤메고
바다 위에 돛단배처럼 꿈도 희망도 없네
만나고 헤어지는 그 모든 것들이
덧없는 세월을 앓는 업보 같은 것이리

백일홍의 겨울

새 꿈도 시들고 달빛도 기울어 앓고
황랑한 이 내 가슴속 서릿발이 돋는데
이슬 먹은 백일홍 머리를 풀어 들고
사랑에 목말라 눈물을 삼켜 씹노라
쓰러진 청춘을 외쳐 부르듯
내 영혼 허공에 띄워 눕힌다

청춘 고해

바람에 부서진 달빛처럼
구름에 흩어진 햇살처럼
굶주려 헐벗은 가슴처럼
안개 속에 스며든 연기처럼
청춘의 얼굴 느끼지도 못한 채
세월은 용서 없이 떠나갔구나

청춘 빛깔

청춘의 세월은 촉루와 같고
바람도 외면한 채 산을 넘네
청춘의 심장은 고동쳐 넘치지만
그 빛깔은 술 취한 칼과 같아라

철이 바뀌면

녹음이 희미해진 가을 들녘에
꽃들은 시들고 종달새 노래 아련하네
한철이 가면 화려함으로 새 철을 맞지만
생각만 가벼울 뿐 몸은 천근만근일세

한여름 밤

산중에 홀로 핀 들국화를 한 아름 꺾어서
네 마음과 내 마음을 엮어서 집을 짓고
별빛 한 조각 입에 물고 평상에 누워
가슴속에 달의 전설을 심으련다

눈부신 팔월

바람에 쫓기는 구름 타고
물결치는 별빛이랴 날아든 기러기이랴

잠들어 꿈꾸던 저 들녁에 희망의 외침
거룩한 꿈 노래 찬란하게 빛나네

천국의 노래

추야의 달빛은 산천을 부르고
시월의 국화 향기 이슬을 적시면
단풍나무 숲속을 거닐며
나는 너를 깨쳐 생각하노라
국화꽃 같은 이 내 가슴속 청명한 이슬로 채우고
너를 생각하다 보면 천국이 따로 없네

빛

구름에 달빛 가리고
어둠 속을 헤매일 때
저 멀리서 들려오는 두견새 노랫소리
얼어붙은 내 가슴 속에
희망의 빛이 있네

해방

사월화접 잊고 살기를 몇 해더냐
얼어붙은 이 가슴 설움에
잠 못 든지 또 몇 밤이더냐
청춘에 꽃이 피고 새가 울고
나비 날아드니
북풍한설 찬바람도
봄바람에 실버들 같구나

허무한 계절

바람에 나풀대는 잎새 한 장을
바라보노라면
문득 내 청춘이 가엾어지는구나
뒷동산 잔디에 누워 생각에 잠겨
깨어날 줄 모른다네

행복의 외침

달빛 영롱한 산촌에 너 나의 꿈을 실어
자그만 사랑을 심고 온 누리 싹 틔우리
견우와 직녀가 서로 만나 얼크러지듯이
우리 작은 가슴 서로 의지하고 온 우리
행복 꽃 피우리
봄이면 꽃들이 만발하고
여름이면 녹음이 우거져
헐벗은 우리 영혼 굽어보리

팔월의 밤

새들도 잠들어 하늘도 꿈꾸는 밤
평화의 종소리 울려 퍼지네
청산의 맑은 물소리 세상 근심 걷어내고
종달새 삽개천엔 사랑의 속삭임
환희의 송가 들려오는 신들린 팔월의 밤

나비의 방황

꿈에도 잊지 못해 님 찾아 나서니
애타게 그리던 님의 얼굴 사라지고
석양의 금빛 노을 차오르는 달에 눌려
내 마음 정처 없이 갈 곳 몰라 하노라

청산의 밝은 달아

님은 멀리 갔어도 내 마음은 평화로워
내 가슴속 깊이 님의 자리 크지 않았음이요
청산의 밝은 달은 또다시 떠오르니
내 마음 전과 같이 변함없이 푸르네
목숨 바쳐도 후회 없는 사랑
영혼 파괴돼도 두렵지 않은 행복 찾으리

야누스

첫눈을 맞는 설레임으로 내게 다가와
이 마음 무너뜨리듯이
구름이 피어나듯 숙연한 동백꽃에 속삭임으로
내 영혼 사로잡듯이
달콤한 말로 이별을 고한
뜻 모를 당신이여
사랑의 맹세로 안녕을 고한 야누스의 얼굴이여

야월화상

저무는 석양녘 달빛에 꿈을 꾸면
동백꽃잎 한 장 따다가 바람에 날리노라
새들은 황혼 속을 날고 별들은 구름 타고 속삭이며
내 마음은 님의 숨소리에 꿈꿔 헤매네
일엽편주 푸른 바닷바람을 마시고
어둠 속에 추월홍엽 고독을 만끽하네

낙엽이 지면

바람에 날리는 낙엽을 바라보면서
우리네 짧은 생애를 생각하다
청춘의 꽃 되고 새 울던 때를 돌아보며
술잔을 채우고 입가에 얇은 미소를 짓는다
달빛은 처량하고 별빛은 구름을 뚫고 지나간다
낙엽이 지듯이 우리 인생도 언젠가는 지겠지
그러면 꿈도 희망도 부질없는 노래가 되고
사랑도 행복도 물거품 속에 출렁이겠지
꽃잎이 바람에 쓰러져 뒹군다
뒹굴다 구름되어 날아간다
거울을 보고 있는 것 같아서
가슴속에 눈물이 고인다

고향에 돌아가자

해가 지고 달이 지면 저 멀리 나 떠나가리라
꽃피고 새가 우는 그곳으로
가슴을 열어놓고 편히 쉴 수 있는
자유와 평화가 충만한 내 고향으로
가자 떠나자 세상 근심 없는 곳에
바람과 구름마저 포근한 세상으로

사랑의 그림자

만날 때 알지 못하던 초라한 너의 빈자리
날이 갈수록 쌓여만 오는 너의 그림자
언젠가 우리 다시 만나면
침묵 속에 슬픔만이 흘러가겠지
위로를 하면 할수록 슬픔은 더욱 커지고
사랑의 그림자 더 가까이 오겠지

이슬에 젖어도

들국화 송이송이 피어 있는
눈부신 가을 언덕에 서 있노라
사랑으로 물들어 벅찬 가슴은
구름 같은 얼굴로 날아갑니다
끝없는 방랑이 이슬에 젖을지라도
오늘 눈먼 가슴을 달빛에 씻으려 하네

기나긴 밤

꿈속에서도 너를 찾는 내 모습 초라해
가슴으로 별을 따는 이 밤이 처량해
달빛은 구름을 타고 돌고 돌고
별들은 쌍쌍이 이 밤을 지새우는데
나는 언제나 보고픈 님 생각 없이
황량한 이 한밤 쉬어 갈거나

친구

짝을 잃은 저 기러기 이 밤이 너무 길고
꽃을 찾는 벌 나비 오늘이 너무 짧네
바람아 너는 어디로 날아가며
구름아 너는 또 어디로 흘러가나
무엇을 찾아 우리는 돌고 돌며
누구를 만나 또 울고 웃나
짝이 없는 밤에도 늘 푸른 저 달만이
고독한 내 마음의 친구가 되네

덧없는 세월

사랑이 죽어버린 텅 빈 이 가슴속엔
겨울로 떠나는 청춘열차
별들이 사라진 밤하늘엔
허무함이 하늘 높이 나래를 펴네
날리는 낙엽 따라 거닐며 밤을 새우고
떨어진 꽃잎 주우며 눈물짓네
덧없는 세월이라지만 죽은 내 가슴속엔 멈춰 섰네
잠을 자듯 앉아 있는 돌같이

몽춘화

청춘이 영원한 줄 알았소이다
세월 흘러 남는 것은 후회뿐이로소이다
꽃피고 새가 우는 찬란한 봄날에
술잔을 채우는 뜨거운 눈물이여
청춘이 꿈인 걸 몰랐던 그 시절
찬바람 불고 눈보라 치니 무식이 원수 같더라

3

풍년 고향

농부님들의 들노랫소리에 하루해가 저물고
호남평야 곡물 공장 오늘도 돌아가네
새들도 흥에 겨워 하늘 높이 날아가고
달빛도 찬란하게 아리랑 가락에 젖어 노네
바람은 산들산들 들판을 보듬고
구름도 덩실덩실 배가 불러 춤을 추네

벗이여

해가 지고 나면 달이 떠오르고
어둠이 깊을수록 별은 더 빛난다네
꿈같은 그 시절 돌이킬 수 없다 해도
언제 어디서라도 잊지는 못할 거야
뜻을 품은 벗이여 높이 날으소서
푸른 창공 벗 삼아 굳세게 날으소서

돛단배

파도치는 푸른 바다 한가운데 돛단배
무얼 찾아 험한 길 걸어가느뇨
꿈 찾아 사랑 찾아 떠도는 것이 인생이 아니더냐
바람 부는 망망대해 고난의 물결에
인생을 건다

비 맞은 태양

돌아온 가을 언덕길에 들꽃들이 만발하고
기러기떼 하늘 높이 꿈꾸며 노는데
내 님의 이별 노래 귓전을 맴돌고
구름마저 나를 비켜 떠가네

낙엽이 날려도

청춘은 멀리 꽃잎처럼 사라졌어도
푸른 향기 그 강물은 지금도 물결치네
달이 뜨고 별이 뜨는 찬란한 밤이 찾아오면
두 눈을 시퍼렇게 뜨고 이슬을 마시네
꽃이 지고 낙엽이 날려가서 추억으로 살아
달빛을 먹고 별을 따고 구름을 잡고
나비가 되어서 봄날을 부르네

블랙문

녹음도 희미하여지고 산들바람 살갗을 스치면
벌 나비도 날아가고 서릿발이 돋아나는데
정을 심던 장미꽃도 떨어져 자취를 감추고
처량한 저 달만이 울며 졸고 있네

결심

삽개천 종달새 소리 시들시들해져도
산등성이 무수한 별들은 오늘도 푸르네
한 번 다진 마음 그 어찌 변할쏘냐
구름 넘고 바다 건너 만천하를 흔들리

천국의 얼굴

바람 부는 언덕에 서면 상쾌한 기분 싱그런 마음
푸른 하늘 손짓하는 만추의 낙원
들국화 송이송이 온 세상을 물들이고
짝을 지은 저 기러기 탐스러운 가을날
술 한 잔에 기쁨을 더하고 한 줄 시조 영혼을 부르네
달빛도 이슬에 젖는 천사 같은 얼굴이여

청솔

초록은 늙어늙어 붉은 잎 되고
구름도 흐르다 누워 빗줄기 되는데
청솔 향기는 사철을 모르고 살아
사랑하는 이에 신뢰의 표상이로다

노란 나비

지난밤 꿈속에서 너를 만났네
붉은 옷에 파란 조끼 옥색 비녀 꽂았지
창공을 나는 노란 나비처럼
너는 내게로 다가와 속삭였지
묘한 것이 사랑이란 말이 내 마음을 묶어버렸지
이슬처럼 고운 눈동자에
하얀 미소 띄우며 구름 속을 날았지

안개 속에 태양

산야에 헤매이는 달빛인 양 별빛인 양
꿈도 희망도 없는 이 세상
구름 한 점 모여서 어디로 날아가나
깊은 밤 잠 못 이뤄 어둠 속을 떠도나
찬 이슬 맞은 꽃잎처럼 아침에 눈을 뜨고
안개 속에 태양같이 연기만 무성하네

거짓 명제

들국화 향기 바람에 날리고
된서리 하얗게 돋아나는데
누구를 그토록 사모하여 깊은 밤 홀로 깨어
달빛 아래 서성이뇨
사랑한다는 것은 너와 내가 둘이 아닌 것이라
누구도 미처 이해 못하는
거짓 명제 같은 거라네

일장춘몽

꽃도 지고 새들도 날아간 저녁 들판에
바람 소리만 소리 높여 홀로 외롭고
주인 없는 저 달만이 처량히 도네
아! 꿈도 사랑도 청춘도 인생도
일장춘몽에 피고 지는 구름이리

별은 빛나리

해 뜨고 달이 뜨는 동녘 저편에
그 누굴 찾아왔나 보라색 꿈 한 조각
바람 불고 비가 오면 외로움에 울겠지
별이 지고 나비 날아가면 어디로 가야 하나
꽃은 시들어도 구름은 흘러내리고
꿈은 사라져도 별은 영원하리라

조각달의 판타지

추야에 피고 지는 조각달의 판타지에
사랑하는 님과 함께 밤을 새우며
젊은 날의 설레임을 묶어 하늘 높이 띄웠지
달빛 같은 내 가슴에 놀던 구름 같은 내 사랑이여
네가 있어 내 청춘이 덜 슬펐노라 하네

산처녀

산마을 산처녀 구름에 늙고
들 마을 버들강아지 바람 타고 노는데
하얀 눈 녹이며 실버들 찾아왔건만
처녀의 기나긴 밤 누가 알아주랴

추억

사랑이 떠나버린 이 내 가슴속 깊이 낙엽이 날리고
꿈같이 밀려드는 추억이 아름다워 눈물짓네
구름은 새들을 잡고 창공을 돌고 또 돌고
이슬은 꽃잎에 맺힌 외로움을 씻어주는구나

옛 노래

지난날 우리가 즐겨 찾던 그 카페에
오늘도 그 시절 커피 향기 그윽하고
달빛이 스며드는 이 내 가슴속 깊이
옛 시절 생각나 어둠 속을 헤매네
하늘을 바라보며 옛날로 돌아가자
동화같이 살아 있는 옛 노래 불러보자

새 한 마리

해질녘 서늘바람이 잎새 한 장 떨구더니
들녘에 날던 새 한 마리 보이지 않았네
바람 따라 떠나갔나 구름 속에 숨어 있나
그래도 세월의 눈망울은 속이지 못하리

초가을 밤

달빛도 처량스레 졸고 있는 초가을 싱그러운 밤
창가에 기대어 서면
깨지듯 다가오는 성당의 종소리 이 밤을 깨우네
구름은 살랑살랑 물결치고
별들은 바람 불어 하늘하늘 눈짓하네

모순

사랑하기 때문에 돌아선다는 그 말 어떤 이는 이 말에 감탄하겠으나 나는 감탄하지 못하네 사랑한다면 일심동체가 되어 가까이서 사랑을 꽃피우면 될 터인데 사랑하기 때문에 헤어진다 바꾸어 말하면 이해를 돕자면 싫어하기 때문에 결혼한다는 말과 같지 않은가 이 얼마나 언어의 사치이며 모순의 극치인가 죽어야 산다는 말과는 의미가 조금 다르다 죽는다는 것이 목숨을 끊는다는 뜻만 있는 것은 아니기 때문이다 아무리 글 쓰는 이들이 언어의 마술사요 창작의 아버지라 하지만 자신도 이해 못하는 말로 전체 명예를 실추시키고 독자들이 서점으로 가는 발길을 끊어놓지 않을까 심히 우려스럽다 독자들은 글 한 줄에 울고 웃는 것이기 때문이다

가을의 화신

바람 부는 언덕에 들국화 한 송이 서 있네
향기를 그득 품고 고개 들어 웃었네
달빛에 어울려 눈부신 밤의 화신이여

가을나비

저녁나절 걸었네 금빛 물든 언덕을
바람은 산들산들 꽃송이를 깨물고
내 마음도 나비 되어 창공을 나네
구름 속을 날아가네

세월이 갈수록

낙엽이 흩어지는 밤이면
더욱더 간절해지는 것은
화롯불 같은 조그만 따사로움이리
달이 지고 별도 없는 어둠 속에서도
한줄기 설레임은 불꽃으로 타리라
문득 밤이 서러울수록
연분의 조화 더욱 빛나리

밤의 외침

달빛이 화려하게 가을을 깨우는 이 밤
내 마음을 흔드는 바람의 속삭임
들국화 향기롭고 구름 속에 내 님 얼굴
파도치듯 내 가슴속에 물결쳐오네
부딪히는 술잔 속에 희망의 몸부림
눈부신 미래 불러오네

아버지

사랑하는 아버지 왜 그렇게 우시나요
자식들이 떠나버려 서러워 그러시나요
금이야 옥이야 키우던 때가 생각나
깊은 밤 술잔을 눈물로 채우나요
아버지 아버지 사랑하는 우리 아버지
품 안에 있을 때 자식이지
떠나면 친구인 걸 모르세요

달구경

정월이라 대보름 밝은 달이 뜨면
손에 손잡고 달구경 가자꾸나
바람 불어 따사롭고 구름은 덩실덩실
새들도 잠 깨어 하늘 높이 수를 놓는데

낙엽이 날리면

창공을 나는 한줄기 조각구름
햇볕을 등지고 세상을 휘감네
바람은 꽃잎을 하늘로 날리고
달빛은 눈부시며 별빛은 아름다워

행복의 기술

만남이 있는 곳에 헤어짐이 살듯이
떠날 제 모든 것을 끝내려 하지 마라
미련도 아쉬움도 재회의 그날 위해
조금 남겨두어라
기쁨과 슬픔이 반복되는 것이 인간의 필수 감정이기에
오늘의 기쁨을 단번에 채우려 하지 마라
조금씩 나누어 슬픔의 자리까지 연장시키는
기술이 행복의 척도니라

백발에는

별이 뜨던 그 숲 속과 찬란하던 그 빛난 언덕
안개 속에 눈을 감아도 꿈속에 찾아오네
은은한 카페의 불빛 달콤한 커피향이 서린 노래
지금도 내 가슴에 연기처럼 피어나네
청춘은 구름처럼 흘러흘러 백발이 우거져
꿈은 사라지고 추억만 먹으리

화제

꽃이 핀 언덕길을 홀로 취해 걸어봅니다
바람은 잠든 내 영혼을 깨우고 구름은 내 발길을
정처 없게 만듭니다 꽃송이들은 술을 마시듯
세상을 꿈속으로 몰고 내 모든 걱정
세상 근심을 부셔버립니다
무념무상 무한한 하늘을 바라보며
해 달 별이 된 듯한 기분 착각만은 아닌 듯히여라

거룩한 사랑

사랑은 꿈을 꾸듯이 내 곁을 스쳐 서더니
어느새 내 모든 것 빼앗아 달아났네
별빛을 바라보며 긴 밤을 꼬박 새워도
지칠 줄 모르고 타는 가슴 겪어도 마셔 봐도
또 잊지 못할 것이 사랑의 거룩함일세

꽃 피는 겨울

청춘의 꿈은 덧없이 흘러가고
나는 또다시 망각의 강을 건너야 하네
화려하고 찬란한 깊고 깊은 밤이
떨어져 죽는 것을 나는 또다시 그려야 하네
화사한 저 달빛 꽃송이 같은 저 별들
영롱한 구름에 눈 날리는 꽃잎 속에
새들의 노래 묻어나건만
나의 봄은 아니로다 나는 또 모르리라
모르고 살아야 하리라

병든 오월

오월에 세상이 파랗게 빛난다면
사랑의 노래는 빨갛게 타오르네
비바람 몰아치고 눈보라 날려도
사랑에 병들어 굶주린 가슴은 식을 줄 모르네
잡아도잡아도 덧없는 세월은 구름과 같고
불러도불러도 삭막한 달은 구름과 같아라

저녁 무렵

초록 물결 일렁이는 모랫벌을 따라서
금빛 저녁노을 나를 부르네
태양은 구름 속에서 웃으며 잠들고
새들은 머나먼 꿈속으로 여행을 떠나네

양과 음

만날 때 헤어질 줄 알지 못했고
헤어질 때 다시 만날 줄 꿈에도 몰랐네
사랑할 때 그것이 달콤하고 행복한 걸로 믿었네
이별할 때 얼마나 많은 노력과
열망의 댓가인지 깨우쳤네
즐거운 날에 그저 당연히
주어지는 기쁨인 줄로 간직했는데
서러운 날에 세상엔 공짜가 없다는 걸 깨달았네

청춘무상

〈산울림 "청춘" 개사 2016년 작〉

언젠가 가겠지 새파란 이 청춘
걱정 말아라 금방 간다
달 밝은 밤인가 싶더니 어느새 날이 밝아
깜짝 놀랄지다
떠나간 날들을 잡으려 애쓰려 하지 말고
차라리 세월은 잊고 살아라
그것이 반수무강의 지름길이니라

왕따의 난치병

〈방주연 "자주색 가방" 개사 2016년 작〉

광주에서 지지하는 정당은 경기도 강원도
충청도 경상도 제주도에서는 왜 지지하지 않을까
스스로가 더 잘 알거야 스스로가 더 잘 알거야
집단 따돌림 왕따 당하는 이유를

밤의 욕망

〈송창식 "새는" 개사 2016년 작〉

새는 친구도 아니면서 자꾸만 친구를 한다
새애는 친구가 무엇인지도 모르면서
자꾸만 친구를 한다
개는 부부도 아니면서 자꾸만 부부를 한다
개애는 부부가 무엇인지도 모르면서
자꾸만 부부를 한다
기린은 동지도 아니면서 자꾸민 동지를 한다
기이린은 동지가 무엇인지도 모르면서
자꾸만 동지를 한다

먼 옛날 멀어도 까마득한 옛적에
당신의 일그러진 얼굴을 보는 듯하구나
당신의 갇혀 있는 꿈 같구나

송이

〈김보성 “마음먹기 달렸더라” 개사 2016년 작〉

거울 앞에 서서 얼굴을 바라보니 니가 생각해도
잘난 척한다는 생각이 들 거다
호박에 줄 긋는다고 호박이 아니더냐
가오리가 성형수술 한다고 준치 되더냐
이제는 거울 그만 보고 거울이나 닦아라
거울 같은 송이가 힘차게 나네 물속을 나네

요술처럼

창공을 가르는 조각달처럼
물가를 날으는 종달새처럼
사랑은 아름답고 신비롭고
별처럼 꿈처럼 달콤하여라
석양의 금빛 노을처럼 온 세상을 물들이고
만물을 별천지로 데려다 놓는 멋
누구나 사랑을 아는 듯 뽐내며 말하지만
누구도 알지 못하는 수수께끼

달밤

〈브니엠 “Belpeust” 개사 1984년 작〉

사랑이여! 고독이여! 인생이여!
덧없이 쓸쓸한 이 밤 찬란하고 터질 듯한 저 달빛
끝없이 화려한 설레임만이
하늘 높이 바람 타고 날아가네
사랑에 빠져 달콤함도 알고
사랑에 미쳐 행복감도 느끼지만
사랑에 취해 슬픔도 고독도 나는 알았네
사랑이여! 고독이여! 사랑의 노래는 인생의 노래고
사랑이여! 인생이여! 사랑을 하기 위해서
세상을 산다는 것도 나는 알았네

언덕배기

종달새 뜸부기 어울려 놀고
산천은 한 폭의 풍경화로구나
밤이면 푸른 달이 마중 나오는
내 고향 언덕에는 푸른 꿈이 사네

친구의 눈빛

아버지는 알면서도 눈을 감고 계셨지
세상 바람 모진 풍파에 다칠세라
언제나 가슴으로 울고 계셨지
넓고도 깊은 것이 어떤 것인지 그때는 몰랐습니다
사랑이 무엇인지 정이 무엇인지 지금도 잘 모릅니다
하지만 눈을 지그시 뜨며 나를 바라보던 그 눈빛이
무정함 매정함이 아니라는 것을 나는 깨달아요
아버지 한번 만나보고 싶어요
만나서 친구가 되고 싶어요
친구처럼 넓고 깊은 정을 느끼고 싶어요

집착과 자비

푸르스레한 횃불이 머나먼 여행길로 접어들고
꽃잎 같은 한돗의 별빛들이 미소짓는 이 밤
나는 무엇을 찾고 또 무엇을 생각하는지
너는 또 누구를 기다리며 어떤 것에 목메이느냐
사랑도 인생도 춘몽인 듯 잡으려 지우려 해도
채워지지 않는 그릇인 것을
깨닫지 못한 것에 사인은 집착이요
깨달은 자의 노래는 자비여라

밤의 꽃

소년은 별을 따라서 저 산을 넘어가고
구름은 나를 보고 덩실덩실 춤을 추네
한밤중 홀로 깨어 어둠의 세계를 본 적이 있나요
밤에 피는 꽃이 더 향기롭고 아름답다
단지 색안경을 쓰면 세상을 왜곡하고
진실을 발견할 수 없으리
달빛을 받았냐 햇빛을 받았냐보다는
어떤 시련과 어떤 고통을 견디며 이겨냈는지에
의미를 부여하는 것이 값진 뜻이리

불을 밝히며

처음 너를 보았을 때
꽃은 향기롭고 새들은 날고 달빛은 아름다웠네
처음 너를 만났을 때
내 눈은 별빛처럼 반짝였고 가슴은 강물처럼 타올랐네
그러나 지금은 사라진 꿈 흘러간 옛날이 되었지만
설레임이 있어 내 마음은 부풀었네
한때 덧없는 꿈일시라도
나는 후회하거나 원망하지 않으리
머나먼 하늘에 피고 지는 마지막 밤이 되었어도
연분이 있어 나는 불을 밝힐 수 있으리

인생구름

바람 따라 피는 구름 흘러 어디로 가나
님을 찾아 꿈을 찾아 정처도 없네
낮이나 밤이나 나그네 눈빛 되어
하늘에서 떠도는 맘 꿈에서도 서러워라

낙엽이 흩어지면

푸른 산을 뚫고 넓은 바다를 건너
무엇을 찾아 그리 헤매느냐
시작도 끝도 없이 덧없는 세상살이
실록에 밤이 허무하게 사라지고
찬바람에 한 잎 두 잎 낙엽이 흩어지면
술이나 한 잔 들어 달빛에 적셔
삭박한 이 한밤 달래나 보세

자식이 재산

〈동요 "반달" 개사 2016년 작〉

낮말은 새가 듣고 밤말은 쥐가 듣고
깊은 산속 옹달샘엔 토끼가 산다네
꽃이 피고 새가 울고 달이 뜨고 별이 뜨면
아들 딸 셋만 낳아 가위바위보 시키세

흰 구름

언덕에 올라서면 언제나 마음은 푸르구나
흰 구름 집을 짓는 석양 꿈꾸는 저녁 한나절
세월은 흘러서 꿈은 사라져도
네 모습은 변함없구나
네 얼굴은 아직도 청춘이구나

청춘의 밤

〈폴 앵카 "Crazy Love" 개사 1979년 작〉

낙엽이 날리듯이 청춘은 떠나버렸네
별을 안고 꿈을 안고 사라져버렸네
꽃이 되고 새가 우는 푸르던 그 옛날
두 번 다시 만날 수 없는 옛 꿈이 되었네
나 홀로 강가에서 지난 그 맹세 불러보네
다시 못 필 꿈속 같은 청춘의 밤을

푸른 동산

뒷동산에 올라서서 세상 바람 느끼노라면
인생의 꿈 웅대한 소망 눈앞에 다가서고
산딸기 맹감의 푸른 열매 풀피리 소리에 익어가고
그 장단에 내 마음은 춤을 춘다

술 익는 달

술 덩어리랴 복덩어리랴 새파랗게 타는 꽃 등불
하늘나라 주점인가 구름 속에 연꽃인가
밤마다 나를 찾는 사랑의 노래
새하얀 숨소리에 술 생각이 절로 든다

벼룩과 이가 손잡던 날

〈나훈아 "님 그리워" 개사 1977년 작〉

물어물어 이가 물어 벼룩도 같이 물어
때늦은 후회지만
진작 잡을 것 후회를 해도 소용이 없네
농약을 뿌려볼까 D.D.T를 뿌릴까
땅을 치며 통곡해도 때는 이미 늦었네

세월이 지날수록

해 저문 석양녘도 초저녁 잔별들도
세월이 가면 바래지네 늙어진 꿈처럼
못 맺을 사랑 미련만 남긴 채 바람결에 흩날리는데
오늘도 그 시절 찾아 지금도 그 꿈을 찾아
별빛 속을 헤매노라

신록의 밤

신록의 밤이 온 세상에 찾아오면
푸르던 별은 빨갛게 타오르고
지쳐 신음하는 장미의 숨소리를 들으며
다시 못 올 것에 대한 생각 돌이켜 보노라

철도 모르듯이

엄동설한 꽁꽁 얼은 물결 내 청춘 앗아가도
향기로운 별을 품은 내 가슴은 살아 있어
화려한 달빛이 세상을 깨우듯이
인생의 끝까지 때도 철도 모르고 살지어다

여름 사진

여름은 언제나 청춘이라 파도는 언제나 아름다워
사랑은 항상 달콤한 꿈 구름은 또 그렇게 정다워라
태양에 반짝이던 모래알도 힘센 갈매기의 날개도
이젠 모두 추억 속에 사라지고 사진만이 남아 미소를 짓네

나의 얼굴

받아도 주어도 모자라는 것이 사랑이라
서른 날에 더 복받치는 것이 정일세
만나고 헤어지는 그 숱한 연분 위로
우리가 찾는 것은 그저 조그만 철없는 욕심
빛깔도 향기도 없는 나그네와 바람결에
모든 것을 던져버리고 구름이나 되고 싶으련만
욕망 없는 자의 노래는 살아도 죽은 자의 불알이요
욕망 있는 자의 꿈은 죽어도 살아 있는 자의 외침이라
시작도 끝도 모르는 채 헤매 도는 인생의 몸부림
그 닫혀 있는 마음이 나의 얼굴일세

레드문

처랑한 꽃잎을 따라 새들은 허공을 맴돌고
구름은 실록을 뚫고 끝없이 나래를 펴는 밤
장미의 달그림자 바람에 실려 세상을 깨우고
가엾은 내 청춘의 노래 초라한 별빛을 울고
텅 빈 달을 채우네

눈망울

추월삼경 깊은 밤에 홀로 깨어
하뫼 창가에 젖어 섰노라니
님 그려 피어나는 저 산 빛 안개의 설레임이
청춘을 잃어버린 내 눈빛인가 하노라

사랑

사랑의 빛 그 빛은 어둠을 가르는
찬란하고도 신들린 별소리와 같고
사랑의 향기 그 향기는 마른 정신으로 취하여
목메어 울부짖는 설레임이어라
달이 뜨는 언덕에 홀로 서노라면
그 누군가가 보고파 몸부림치는 속삭임인 듯하고
꽃이 피어 있는 오솔길을 걷노라면 꽃보다 더한
그 무엇이 가슴속에 있어 미소를 띠우는 것이었어

이팔청춘

끝없이 처량한 구름 따라 떠도는
가엾은 조각달이여 굶주린 청춘이여
서럽도록 보고파라 타오르는 저 강물을
덧없이 쓸어 잡고 울부짖는 이팔의 봄날이여

일락월출

찬란한 저 달빛은 대지를 적셔오고
화려한 이팔청춘 꿈도 고와라
청조들도 잠들어 고요한 이 한밤
그림을 그리는 홍엽만이 밤을 새우는구나
푸른 잎에 미련을 원망할쏘냐만
또 모르고 모를 것이 세상사로다

요술쟁이

청춘은 앉아서 죽어가는 바람
낚지도 못한 채 꿈만 꾸는 별
고난의 꽃망울을 터트리기도 전에 시들어버리는 정열
때론 달빛에 젖기도 하고 구름에 묻히기도 한다네
청춘은 인생의 청홍의 빛
병들기도 하고 물들기도 하고
앉아 있어도 서 있는 듯한 요술쟁이

아름다운 묘기

행여 누가 볼까 가슴 조이던 날 꽃잎은 떨어지고
조각달이 빛나던 밤 가슴에 피지 못한 아쉬움에 묻힌 밤
식어버린 저 강물에 눈물로 살아나는가
꿈이여! 사랑이여! 너를 다시 만나지 못할지라도
슬퍼하거나 원망치 않으련다 어차피 인생도
무한한 것은 아니려니 서러워 된서리 쳐도
웃으며 살련다 추억을 먹으며 살련다
어차피 추억이 현실이면
아름다움은 없어지는 것이 아니더냐

추일홍엽

가을이면 나 멀리 떠나련다
산머루 산다래 우거지고 산비둘기 나는 곳에서
달과 함께 별과 함께 밤을 지새련다
어둠을 삼켜 호흡하고 구름 낀 언덕에서
이름 모를 꽃들을 품고 정을 나누련다
보고파라 달빛에 숨어 있는 계수나무 그늘을
꿈꾸던 전설을 믿으며 나 옛길을 걸으련다

청춘 또 사랑

푸른 별 하늘 섬에 살랑살랑 노니는 노랑나비들처럼
불끈 쥔 두 주먹에 높푸른 꿈을 싣고
끝없는 세상을 날자 세상을 날아보자
꽃들은 미소를 짓고 새들은 노래 부르며
굶주린 우리 가슴속 별이 될 터이라
청춘이여! 사랑이여! 또 한 번 더 피어라
인생의 마지막 종이 울리는 그날까지
또 한 번 더 웃어라 또 한 번 더 날아라

진실

코스모스 필 때 맺은 연분도 눈이 내리니 그만이더라
영원하리라 믿었던 청춘의 잎새도
한 조각 착각이란 걸 그때는 왜 몰랐으랴
지금 우리가 알고 있고 믿고 있는 그 모든 것들이
헛된 것이 아니라고 인정할 수만은 없지 않으랴
꿈이 달콤하다고 현실일 수 없듯이
헛된 것을 진실로 믿으라는 것도
또 하나의 헛됨이 아니랴
지금 서 있는 내 모습이 헛된 것인지
진실인지도 스스로도 모르는 채
큰소리치는 것은 아닌지!

단풍의 노래

꽃잎이 날리노라 술에 취한 듯
비틀거리며 떨어지노라
매정한 저 바람은 달빛을 뚫고
빛깔 없는 세월을 잡아가는구나
아름답던 사랑도 빛나는 청춘도
이제는 모두 흘러간 한 조각 구름인 것을
타오르던 저 강물도 가슴에 눈물 되어 흐르네

박진호 노래시집

진 실

초판인쇄 | 2018년 02월 10일
초판발행 | 2018년 02월 20일

지은이 | 박 진 호
펴낸이 | 서 정 환
펴낸곳 | 신아출판사

등 록 | 제465-1984-000004호
주 소 | 전주시 완산구 공북 1길 16
(태평동 251-30)
전 화 | 063)275-4000
팩 스 | 063)274-3131
e - mail | munye888@naver.com
sina321@hanmail.net
인쇄·제본 | 신아출판사

값 13,000원

ISBN 979-11-5605-506-8 03810

이 도서의 국립중앙도서관 출판예정도서목록(CIP)은 서지정보유통지원시스템 홈페이지(http://seoji.nl.go.kr)와 국가자료공동목록시스템(http://www.nl.go.kr/kolisnet)에서 이용하실 수 있습니다.
(CIP제어번호: CIP:CIP2018004711)